AF275718

SENTIR ES EL SECRETO

NEVILLE GODDARD

SENTIR ES EL SECRETO

EDICIONES OBELISCO

Si este libro le ha interesado y desea que le mantengamos informado
de nuestras publicaciones, escríbanos indicándonos qué temas son de su interés
(Astrología, Autoayuda, Psicología, Artes Marciales, Naturismo,
Espiritualidad, Tradición…) y gustosamente le complaceremos.

Puede consultar nuestro catálogo en www.edicionesobelisco.com

Colección Espiritualidad y Vida interior
SENTIR ES EL SECRETO
Neville Goddard

1.ª edición: marzo de 2025
2.ª edición: octubre de 2025

Título original: *Feeling is the Secret*

Traducción: *Juli Peradejordi*
Corrección: *Sara Moreno*
Diseño de cubierta: *Carlos Pan*

© 2025, Ediciones Obelisco, S. L.
(Reservados los derechos para la presente edición)

Edita: Ediciones Obelisco, S. L.
Collita, 23-25. Pol. Ind. Molí de la Bastida
08191 Rubí - Barcelona - España
Tel. 93 309 85 25
E-mail: info@edicionesobelisco.com

ISBN: 978-84-1172-255-1
D L B 1882-2025

Printed in Spain

Impreso en los talleres gráficos de Romanyà/Valls S. A.
Verdaguer, 1 - 08786 Capellades - Barcelona

PRÓLOGO

Este libro trata sobre el arte de realizar tus deseos. Te ofrece una explicación del mecanismo utilizado en la producción del mundo visible. Es un libro pequeño pero con peso. Hay un tesoro en él, un camino claramente definido hacia la realización de tus sueños.

Si fuera posible transmitir convicción a otro por medio de argumentos razonados y ejemplos detallados, este libro tendría muchas veces su tamaño. Sin embargo, rara vez es posible hacerlo a través de declaraciones o argumentos escritos, ya que para el juicio suspendido siempre parece plausible decir que el autor era deshonesto o estaba engañado, y, por lo tanto, su evidencia estaba contaminada.

En consecuencia, he omitido intencionalmente todos los argumentos y testimonios, y simplemente desafío al lector de mente abierta a practicar la ley de la conciencia tal como se revela en este libro. El éxito personal será mucho más convincente que todos los libros que pudieran escribirse sobre el tema.

NEVILLE

Capítulo 1

La ley y su operación

El mundo, y todo lo que hay en él, es la conciencia condicionada del hombre objetivada. La conciencia es la causa, así como la sustancia de todo el mundo.

Por lo tanto, es a la conciencia a la que debemos volvernos si queremos descubrir el secreto de la creación.

El conocimiento de la ley de la conciencia y el método para operar esta ley te permitirá lograr todo lo que deseas en la vida.

Armado con un conocimiento práctico de esta ley, puedes construir y mantener un mundo ideal.

La conciencia es la única y verdadera realidad, no figurativamente, sino en sentido literal. Esta realidad, para mayor claridad, puede compararse a un río que se divide en dos partes: la consciente y la subconsciente. Para operar inteligentemente la ley de la conciencia, es necesario comprender la relación entre la conciencia y el subconsciente.

La conciencia es personal y selectiva; el subconsciente es impersonal y no selectivo. La conciencia es el reino del efecto; el subconsciente es el reino de la causa. Estos dos aspectos son las divisiones masculina y femenina de la conciencia. La conciencia es masculina; el subconsciente es femenino.

La conciencia genera ideas e impresiona estas ideas en el subconsciente; el subconsciente recibe ideas y les da forma y expresión.

Por esta ley –primero concibiendo una idea y luego impresionando la idea concebida en el subconsciente– todas las cosas evolucionan de la conciencia; y sin esta secuencia, no se hace nada de lo que se hace.

La conciencia impresiona el subconsciente, mientras que el subconsciente expresa todo lo que se le impresiona.

El subconsciente no origina ideas, sino que acepta como verdaderas aquellas que la mente consciente siente como verdaderas y, de una manera conocida sólo por ella misma, objetiviza las ideas aceptadas.

Por lo tanto, a través de su poder de imaginar y sentir y su libertad para elegir la idea que va a entretener, el hombre tiene control sobre la creación. El control del subconsciente se logra mediante el control de tus ideas y sentimientos.

El mecanismo de la creación está oculto en las mismas profundidades del subconsciente, el aspecto femenino o el vientre de la creación.

El subconsciente trasciende la razón y es independiente de la inducción. Contempla un sentimiento como un hecho que existe dentro de sí mismo y, a partir de esta suposición, procede a darle expresión. El proceso creativo comienza con una idea y su ciclo sigue su curso como un sentimiento y termina en una volición para actuar.

Las ideas se imprimen en el subconsciente a través del medio del sentimiento.

Ninguna idea puede ser impresa en el subconsciente hasta que es sentida, pero una vez sentida —sea buena, mala o indiferente— debe ser expresada.

El sentimiento es el único medio a través del cual las ideas se transmiten al subconsciente.

Por lo tanto, el hombre que no controla sus sentimientos puede fácilmente impresionar el subconsciente con estados indeseables. El control del sentimiento no significa la restricción o supresión de tu sentimiento, sino más bien la disciplina de uno mismo para imaginar y entretener sólo aquellos sentimientos que contribuyen a tu felicidad.

El control de tu sentimiento es sumamente importante para una vida plena y feliz.

Nunca entretengas un sentimiento indeseable, ni pienses con simpatía en el mal en ninguna forma o manifestación. No te detengas en la imperfección de ti mismo o de los demás. Hacerlo es impresionar el subconsciente con estas limitaciones. Lo que no deseas que te hagan a ti, no sientas que se te hace a ti o a otro. Ésta es toda la ley de una vida plena y feliz. Todo lo demás es comentario.

Cada sentimiento deja una impresión en el subconsciente y, a menos que sea contrarrestado por un sentimiento más poderoso de naturaleza opuesta, debe ser expresado.

El dominante de dos sentimientos es el que se expresa. «Yo soy saludable» es un sentimiento más fuerte que «seré saludable». Sentir «seré» es confesar que «no soy»; «yo soy» es más fuerte que «no soy».

Lo que sientes que eres siempre domina lo que sientes que te gustaría ser; por lo tanto, para ser realizado, el deseo debe sentirse como un estado que es en lugar de un estado que no es.

La sensación precede a la manifestación y es la base sobre la que descansa toda manifestación. Ten cuidado con tus estados de ánimo y sentimientos, ya que existe una conexión ininterrumpida entre tus sentimientos y tu mundo visible. Tu cuerpo es un filtro emocional y lleva las marcas inconfundibles de tus emociones prevalentes. Las perturbaciones emocionales, especialmente las emociones reprimidas, son las causas de todas las enfermedades. Sentir intensamente un mal sin expresar ese sentimiento es el comienzo de la enfermedad tanto en el cuerpo como en el entorno. No entretengas el sentimiento de arrepentimiento o fracaso, ya que la frustración o el desapego de tu objetivo dan como resultado la enfermedad.

Piensa sólo con sentimiento en el estado que deseas realizar. Sentir la realidad del estado deseado y vivir y actuar según esa convicción es el camino de todos los aparentes milagros. Todos los cambios de expresión son provocados por un cambio de sentimiento. Un cambio de sentimiento es un cambio de destino. Toda creación ocurre en el dominio del subconsciente. Lo que debes adquirir, entonces, es un control reflexivo de la operación del subconsciente, es decir, el control de tus ideas y sentimientos.

La casualidad o el accidente no son responsables de las cosas que te suceden, ni el destino predestinado es el autor de tu fortuna o desgracia. Tus impresiones subconscientes determinan las condiciones de tu mundo. El subconsciente no es selectivo, es impersonal y no tiene respeto por las personas [Hechos 10, 34; Romanos 2, 11]. El subconsciente no se preocupa por la verdad o la falsedad de tu sentimiento. Siempre acepta como verdadero aquello que sientes como verdadero. El sentimiento es el asentimiento del subconsciente a la verdad de lo que se declara como verdadero. Debido a esta cualidad del subconsciente, no hay nada imposible para el hombre. Todo lo que la mente del hombre puede concebir y sentir como verdadero, el subconsciente puede y debe objetivizarlo. Tus sentimientos crean el patrón a partir del cual se forma tu mundo, y un cambio de sentimiento es un cambio de patrón.

El subconsciente nunca deja de expresar aquello que se le ha impresionado.

El momento en el que recibe una impresión, comienza a trabajar en los caminos de su expresión. Acepta el sentimiento impreso en él, tu sentimiento, como un hecho que existe dentro de sí mismo e inmediatamente se pone a producir en el mundo externo u objetivo la imagen exacta de ese sentimiento.

El subconsciente nunca altera las creencias aceptadas por el hombre. Las refleja hasta el último detalle, ya sean beneficiosas o no.

Para impresionar el subconsciente con el estado deseado, debes asumir el sentimiento que sería tuyo si ya hubieras realizado tu deseo. Al definir tu objetivo, sólo debes preocuparte por el objetivo en sí. La manera de expresión o las dificultades involucradas no deben ser consideradas por ti. Pensar con sentimiento en cualquier estado lo impresiona en el subconsciente. Por lo tanto, si te concentras en las dificultades, barreras o retrasos, el subconsciente, por su propia naturaleza no selectiva, acepta el sentimiento de dificultades y obstáculos como tu petición y procede a producirlos en tu mundo exterior.

El subconsciente es el vientre de la creación. Recibe la idea en sí misma a través de los sentimientos del hombre. Nunca cambia la idea recibida, sino que siempre le da forma. De ahí que el subconsciente refleje la idea en la imagen y semejanza del sentimiento recibido. Sentir un estado como desesperado o imposible es impresionar al subconsciente con la idea de fracaso.

Aunque el subconsciente sirve fielmente al hombre, no debe inferirse que la relación es la de un sirviente a un amo, como se concebía antiguamente. Los profetas antiguos la llamaban el esclavo y sirviente del hombre. San Pablo la personificó como una «mujer» y dijo: «La mujer debe someterse al hombre en todo» [Efesios 5, 24; también, 1 Corintios 14, 34; Efesios 5, 22; Colosenses 3, 18; 1 Pedro 3, 1]. El subconsciente sirve al hombre y da forma fielmente a sus sentimientos. Sin embargo, el subconsciente tiene un disgusto marcado por la compulsión y responde más a la persuasión que al mandato; en consecuencia, se parece más a la esposa amada que al sirviente.

«El esposo es cabeza de la esposa» [Efesios 5, 23] puede no ser cierto del hombre y la mujer en su relación terrenal, pero es cierto de la conciencia y el subconsciente, o de los aspectos masculino y femenino de la conciencia. El misterio al que Pablo se refería cuando escribió: «Éste es un gran misterio» [5, 32]; «El que ama a su esposa se ama a sí mismo» [5, 28]; «Y los dos serán una sola carne» [5, 31], es simplemente el misterio de la conciencia. La conciencia es realmente una e indivisa, pero por el bien de la creación parece estar dividida en dos.

La conciencia (objetiva) o aspecto masculino realmente es la cabeza y domina el subconsciente (subjetiva) o aspecto femenino. Sin embargo, este liderazgo no es el de un tirano, sino el de un amante.

Por lo tanto, al asumir el sentimiento que sería tuyo si ya estuvieras en posesión de tu objetivo, el subconsciente se mueve para construir la imagen exacta de tu suposición.

Tus deseos no son aceptados subconscientemente hasta que asumes el sentimiento de su realidad, ya que sólo a través del sentimiento se acepta subconscientemente una idea y sólo a través de esta aceptación subconsciente se expresa.

Es más fácil atribuir tus sentimientos a eventos en el mundo que admitir que las condiciones del mundo reflejan tus sentimientos. Sin embargo, es eternamente cierto que el exterior refleja el interior.

«Como es adentro, es afuera» («Como es arriba, es abajo; como es abajo, es arriba; como es adentro, es afuera; como es afuera, es adentro», «Correspondencia», el segundo de los siete principios de Hermes Trismegisto).

«Un hombre no puede recibir nada a menos que le sea dado desde el cielo» [Juan 3, 27] y «El reino de los cielos está dentro de ti» [Lucas 17, 21]. Nada viene de fuera; todas las cosas vienen de dentro, del subconsciente.

Es imposible que veas otra cosa que no sea el contenido de tu conciencia. Tu mundo, en cada detalle, es tu conciencia objetivada. Los estados objetivos dan testimonio de impresiones subconscientes. Un cambio de impresión da como resultado un cambio de expresión.

El subconsciente acepta como verdadero aquello que sientes como verdadero, y debido a que la creación es el resultado de impresiones subconscientes, tú, por tu sentimiento, determinas la creación.

Ya eres aquello que deseas ser, y tu negativa a creer esto es la única razón por la que no lo ves.

Buscar fuera lo que no sientes que eres es buscar en vano, porque nunca encontramos lo que queremos; sólo encontramos lo que somos.

En resumen, expresas y tienes sólo aquello de lo que eres consciente de ser o poseer. «A quien tiene, se le dará» [Mateo 13, 12; 25, 29; Marcos 4, 25; Lucas 8, 18; 19, 26]. Negar la evidencia de los sentidos y apropiarse del sentimiento del deseo cumplido es el camino hacia la realización de tu deseo.

El dominio de uno mismo, el control de tus pensamientos y sentimientos es tu mayor logro.

Sin embargo, hasta que se alcance el control total de uno mismo, de modo que, a pesar de las apariencias, sientas todo lo que deseas sentir, usa el sueño y la oración para ayudarte a realizar los estados deseados.

Éstas son las dos puertas hacia el subconsciente.

Capítulo 2

El sentimiento es el secreto – El sueño

El sueño, la vida que ocupa un tercio de nuestra estadía en la Tierra, es la puerta natural hacia el subconsciente.

Por lo tanto, nos enfocamos ahora en el sueño. Los dos tercios conscientes de nuestra vida en la Tierra se miden por el grado de atención que prestamos al sueño. Nuestro entendimiento y deleite en lo que el sueño tiene para ofrecer nos llevará, noche tras noche, a buscarlo como si estuviéramos manteniendo una cita con un amante.

«En un sueño, en una visión de la noche, cuando el sueño profundo cae sobre los hombres, en un adormecimiento sobre la cama; entonces él abre los oídos de los hombres y sella sus instrucciones», Job 33.

Es en el sueño y en la oración, un estado similar al sueño, donde el hombre entra en lo subconsciente para hacer sus impresiones y recibir sus instrucciones. En estos estados, lo consciente y lo subconsciente se unen creativamente. El masculino y el femenino se convierten en una sola carne. El sueño es el momento en el que lo masculino o la mente consciente se aparta del mundo de los sentidos para buscar a su amante o su yo subconsciente.

Lo subconsciente –a diferencia de la mujer del mundo que se casa con su esposo para cambiarlo– no tiene deseo de cambiar lo consciente, el estado despierto, sino que lo ama tal como es y fielmente reproduce su semejanza en el mundo exterior de la forma.

Las condiciones y los eventos de tu vida son tus hijos formados a partir de los moldes de tus impresiones subconscientes en el sueño. Están hechos a la imagen y semejanza de tu sentimiento más profundo para que puedan revelarte a ti mismo.

«Así en el cielo, como en la Tierra» [Mateo 6, 10; Lucas 11, 2]. Así en el subconsciente, como en la Tierra.

Lo que sea que tengas en la conciencia cuando te duermes es la medida de tu expresión en los dos tercios conscientes de tu vida en la Tierra.

Nada te impide realizar tu objetivo salvo tu incapacidad para sentir que ya eres aquello que deseas ser, o que ya estás en posesión de lo que buscas. El subconsciente da forma a tus deseos sólo cuando sientes tu deseo cumplido.

La inconsciencia del sueño es el estado normal del subconsciente. Debido a que todas las cosas vienen de dentro de ti mismo, y tu concepción de ti mismo determina lo que surge, siempre deberías sentir el deseo cumplido antes de quedarte dormido.

Nunca extraes de lo profundo de ti aquello que deseas; siempre extraes lo que eres, y eres aquello que sientes que eres, así como lo que sientes que es verdadero de los demás.

Para ser realizado, entonces, el deseo debe resolverse en el sentimiento de ser o tener o presenciar el estado buscado. Esto se logra asumiendo el sentimiento del deseo cumplido. El sentimiento que surge en respuesta a la pregunta «¿Cómo me sentiría si mi deseo se hubiera realizado?» es el sentimiento que debe monopolizar e inmovilizar tu atención mientras te relajas hacia el sueño. Debes estar en la conciencia de ser o tener aquello que deseas ser o tener antes de quedarte dormido.

Una vez dormido, el hombre no tiene libertad de elección. Todo su sueño está dominado por su último concepto consciente de sí mismo.

Por lo tanto, se sigue que siempre debe asumir el sentimiento de logro y satisfacción antes de retirarse a dormir, «Ven ante mí con cantos y agradecimiento» [Salmo 95, 2], «Entrad por sus puertas con agradecimiento y por sus atrios con alabanza» [Salmo 100, 4]. Tu estado de ánimo antes de dormir define tu estado de conciencia cuando entras en la presencia de tu amante eterno, el subconsciente.

Éste te ve exactamente como sientes que eres. Si, mientras te preparas para dormir, asumes y mantienes la conciencia de éxito sintiendo «Soy exitoso», debes ser exitoso. Acuéstate sobre tu espalda con la cabeza a nivel con tu cuerpo. Siente como te sentirías si estuvieras en posesión de tu deseo y relájate tranquilamente hacia la inconsciencia.

«El que guarda a Israel no duerme ni se adormece» [Salmo 121, 4]. No obstante, «Él da a su amado el sueño» [Salmo 127, 2].

El subconsciente nunca duerme. El sueño es la puerta a través de la cual la mente consciente, despierta, pasa para unirse creativamente con el subconsciente.

El sueño oculta el acto creativo, mientras que el mundo objetivo lo revela.

En el sueño, el hombre impresiona a el subconsciente con su concepción de sí mismo.

Qué descripción más hermosa de este romance entre lo consciente y el subconsciente existe que la que se cuenta en el Cantar de los Cantares: «Por la noche, en mi lecho, busqué al que ama mi alma [3, 1] [...] Encontré al que ama mi alma; lo sostuve y no lo dejé ir, hasta que lo traje a la casa de mi madre, y a la cámara de la que me concibió» [3, 4].

Preparándote para dormir, te sientes en el estado del deseo respondido, y luego te relajas hacia la inconsciencia. Tu deseo realizado es a quien buscas. Por la noche, en tu cama, buscas el sentimiento del deseo cumplido para que puedas llevarlo contigo a la cámara de la que te concibió, al sueño o lo subconsciente que te dio forma, para que este deseo también sea expresado.

Ésta es la manera de descubrir y llevar tus deseos a el subconsciente. Siéntete en el estado del deseo realizado y tranquilamente cae en el sueño.

Noche tras noche, deberías asumir el sentimiento de ser, tener y presenciar aquello que buscas ser, poseer y ver manifestado. Nunca te duermas sintiéndote desanimado o insatisfecho. Nunca duermas en la conciencia de fracaso.

Tu subconsciente, cuyo estado natural es el sueño, te ve como crees que eres, y ya sea bueno, malo o indiferente, lo subconsciente encarnará fielmente tu creencia.

Como te sientes, así la impresionas; y ésta, la amante perfecta, da forma a estas impresiones y las proyecta como los hijos de su amado.

«Eres toda hermosa, mi amor; no hay mancha en ti» [Cantar de los Cantares 4, 7] es la actitud mental que debes adoptar antes de quedarte dormido.

Ignora las apariencias y siente que las cosas son como deseas que sean, porque «Él llama a las cosas que no se ven como si fueran, y lo no visto se convierte en visto» [aprox., Romanos 4, 17]. Asumir el sentimiento de satisfacción es llamar a las condiciones a existir que reflejarán satisfacción.

«Las señales siguen, no preceden».

La prueba de que eres seguirá a la conciencia de que eres; no la precederá.

Eres un soñador eterno soñando sueños no eternos. Tus sueños toman forma a medida que asumes el sentimiento de su realidad.

No te limites al pasado.

Sabiendo que nada es imposible para la conciencia, comienza a imaginar estados más allá de las experiencias del pasado.

Cualquier cosa que la mente del hombre pueda imaginar, el hombre puede realizarla. Todos los estados objetivos (visibles) fueron primero estados subjetivos (invisibles), y los llamaste a lo visible asumiendo el sentimiento de su realidad.

El proceso creativo es primero imaginar y luego creer en el estado imaginado. Siempre imagina y espera lo mejor.

El mundo no puede cambiar hasta que cambies tu concepción de él. «Como es adentro, es afuera».

Las naciones, al igual que las personas, son sólo lo que crees que son. No importa cuál sea el problema, no importa dónde esté, no importa a quién concierna, no tienes a nadie a quien cambiar salvo a ti mismo, y no tienes oponente ni ayudante para lograr el cambio dentro de ti mismo. No tienes nada que hacer salvo convencerte de la verdad de aquello que deseas ver manifestado.

Tan pronto como logres convencerte de la realidad del estado buscado, los resultados seguirán para confirmar tu creencia fija. Nunca le sugieras a otro el estado que deseas ver que exprese; en su lugar, convéncete de que él ya es aquello que deseas que sea.

La realización de tu deseo se logra asumiendo el sentimiento del deseo cumplido. No puedes fallar a menos que falles en convencerte de la realidad de tu deseo. Un cambio de creencia se confirma con un cambio de expresión.

Cada noche, mientras te duermes, siéntete satisfecho y sin mancha, porque tu amante subjetiva siempre forma el mundo objetivo en la imagen y semejanza de tu concepción de él, la concepción definida por tu sentimiento.

Los dos tercios conscientes de tu vida en la Tierra corroboran o testifican siempre tus impresiones subconscientes. Las acciones y eventos del día son efectos; no son causas. El libre albedrío es sólo libertad de elección.

«Elige hoy a quién servirás» [Josué 24, 15] es tu libertad de elegir el tipo de estado de ánimo que asumes; pero la expresión del estado de ánimo es el secreto de lo subconsciente.

El subconsciente recibe impresiones sólo a través de los sentimientos del hombre y, de una manera conocida sólo por él mismo, da forma y expresión a estas impresiones.

Las acciones del hombre están determinadas por sus impresiones subconscientes.

Su ilusión de libre albedrío, su creencia en la libertad de acción, no es más que ignorancia de las causas que lo hacen actuar. Él cree que es libre porque ha olvidado el vínculo entre él mismo y el evento.

El hombre despierto está bajo la obligación de expresar sus impresiones subconscientes. Si en el pasado se impresionó a sí mismo de manera imprudente, entonces que comience a cambiar su pensamiento y su sentimiento, porque sólo así cambiará su mundo. No desperdicies un solo momento en arrepentimiento, porque pensar con sentimiento en los errores del pasado es reinfectarte. «Deja que los muertos entierren a los muertos» [Mateo 8, 22; Lucas 9, 60]. Aléjate de las apariencias y asume el sentimiento que sería tuyo si ya fueras quien deseas ser.

Sentir un estado produce ese estado.

El papel que juegas en el escenario del mundo está determinado por tu concepción de ti mismo.

Al sentir tu deseo cumplido y relajarte tranquilamente en el sueño, te colocas en un papel estelar que será interpretado en la tierra mañana, y, mientras duermes, serás ensayado e instruido en tu papel.

La aceptación del final automáticamente ordena los medios de realización.

No te equivoques en esto. Si, mientras te preparas para dormir, no te sientes conscientemente en el estado del deseo respondido, entonces llevarás contigo a la cámara de la que te concibió el total de las reacciones y sentimientos del día despierto; y mientras duermes, serás instruido en la forma en que serán expresados mañana. Te levantarás creyendo que eres un agente libre, sin darte cuenta de que cada acción y evento del día está predeterminado por tu concepto de ti mismo cuando te dormiste. Tu única libertad, entonces, es tu libertad de reacción. Eres libre de elegir cómo sientes y reaccionas ante el drama del día, pero el drama –las acciones, eventos y circunstancias del día– ya ha sido determinado.

A menos que conscientemente y con propósito definas la actitud mental con la que te duermes, inconscientemente te dormirás en la actitud mental compuesta por todos los sentimientos y reacciones del día. Cada reacción deja una impresión subconsciente y, a menos que sea contrarrestada por un sentimiento opuesto y más dominante, es la causa de una acción futura.

Las ideas envueltas en sentimientos son acciones creativas. Usa tu derecho divino sabiamente. A través de tu capacidad para pensar y sentir, tienes dominio sobre toda la creación.

Mientras estás despierto, eres un jardinero seleccionando semillas para tu jardín, pero «Si el grano de trigo no cae en la tierra y muere, queda solo; pero si muere, lleva mucho fruto» [Juan 12, 24]. Tu concepción de ti mismo mientras te duermes es la semilla que dejas caer en la tierra del subconsciente. Dormirte sintiéndote satisfecho y feliz obliga a que condiciones y eventos aparezcan en tu mundo que confirmen estas actitudes mentales.

El sueño es la puerta al cielo. Lo que llevas como sentimiento lo traes como condición, acción u objeto en el espacio. Así que duerme con el sentimiento del deseo cumplido.

Capítulo 3

El sentimiento es el secreto – La oración

La oración, al igual que el sueño, también es una entrada hacia lo subconsciente.

«Cuando ores, entra en tu aposento, y cuando hayas cerrado tu puerta, ora a tu Padre que está en secreto, y tu Padre que ve en secreto te recompensará en público» [Mateo 6, 6].

La oración es una ilusión del sueño que disminuye la impresión del mundo exterior y hace que la mente sea más receptiva a las sugerencias desde el interior. La mente en oración está en un estado de relajación y receptividad similar al sentimiento que se alcanza justo antes de quedarse dormido.

La oración no es tanto lo que pides, sino cómo te preparas para su recepción. «Todo lo que pidáis en oración, creed que lo recibiréis, y os vendrá» [Marcos 11, 24].

La única condición requerida es que creas que tus oraciones ya están realizadas.

Tu oración debe ser respondida si asumes el sentimiento que sería tuyo si ya estuvieras en posesión de tu objetivo. En el momento en que aceptas el deseo como un hecho consumado, lo subconsciente encuentra los medios para su realización. Para orar con éxito, entonces, debes rendirte al deseo, es decir, sentir el deseo cumplido.

El hombre perfectamente disciplinado siempre está en sintonía con el deseo como un hecho consumado.

Sabe que la conciencia es la única realidad, que las ideas y los sentimientos son hechos de la conciencia y son tan reales como los objetos en el espacio; por lo tanto, nunca tengas un sentimiento que no contribuya a su felicidad, porque los sentimientos son las causas de las acciones y circunstancias de su vida.

Por otro lado, el hombre indisciplinado encuentra difícil creer en lo que es negado por los sentidos y generalmente acepta o rechaza sólo en función de las apariencias de los sentidos. Debido a esta tendencia a depender de la evidencia de los sentidos, es necesario excluirlos antes de comenzar a orar, antes de intentar sentir aquello que ellos niegan. Siempre que estés en el estado mental de «me gustaría, pero no puedo», cuanto más lo intentes, menos serás capaz de rendirte al deseo. Nunca atraes lo que quieres, sino que siempre atraes lo que eres consciente de ser.

La oración es el arte de asumir el sentimiento de ser y tener aquello que deseas.

Cuando los sentidos confirman la ausencia de tu deseo, todo esfuerzo consciente por contrarrestar esta sugerencia es inútil y tiende a intensificarla.

La oración es el arte de rendirse al deseo y no de forzarlo. Siempre que tu sentimiento esté en conflicto con tu deseo, el sentimiento será el vencedor. El sentimiento dominante siempre se expresa. La oración debe ser sin esfuerzo. Al intentar fijar una actitud mental que es negada por los sentidos, el esfuerzo es fatal.

Para rendirte con éxito al deseo como un hecho consumado, debes crear un estado pasivo, una especie de ensueño o reflexión meditativa similar al sentimiento que precede al sueño. En tal estado de relajación, la mente se aparta del mundo objetivo y percibe fácilmente la realidad de un estado subjetivo. Es un estado en el que estás consciente y eres perfectamente capaz de moverte o abrir los ojos, pero no tienes deseo de hacerlo. Una manera fácil de crear este estado pasivo es relajarte en una silla cómoda o en una cama. Si estás en una cama, acuéstate de espaldas con la cabeza a nivel con el cuerpo, cierra los ojos e imagina que tienes sueño. Siente: tengo sueño, tanto sueño, mucho sueño.

En poco tiempo, una sensación lejana acompañada de una laxitud general y pérdida de todo deseo de moverte te envuelve. Sientes un descanso agradable y cómodo y no tienes inclinación a cambiar de posición, aunque en otras circunstancias no estarías para nada cómodo. Cuando se alcanza este estado pasivo, imagina que has realizado tu deseo —no cómo se realizó, sino simplemente el deseo cumplido—. Imagina en forma de imagen lo que deseas lograr en la vida; luego siéntete como si ya lo hubieras logrado. Los pensamientos producen pequeños movimientos del habla que pueden ser escuchados en el estado pasivo de la oración como pronunciamientos desde el exterior. Sin embargo, este grado de pasividad no es esencial para la realización de tus oraciones. Todo lo que es necesario es crear un estado pasivo y sentir el deseo cumplido.

Todo lo que puedas necesitar o desear ya es tuyo. No necesitas a nadie que te lo dé; ya es tuyo. Llama a tus deseos a la existencia imaginando y sintiendo que tu deseo está cumplido. Al aceptar el fin, te vuelves totalmente indiferente al posible fracaso, porque la aceptación del fin impone los medios para ese fin. Cuando emerges del momento de oración, es como si te hubieran mostrado el final feliz y exitoso de una obra de teatro, aunque no te hayan mostrado cómo se logró ese final. Sin embargo, habiendo sido testigo del final, independientemente de cualquier secuencia anticlimática, permaneces calmado y seguro en el conocimiento de que el final ha sido perfectamente definido.

Capítulo 4

El sentimiento es el secreto:
Espíritu – Sentimiento

«No por fuerza, ni por poder, sino por mi espíritu, dice el Señor de los ejércitos» [Zacarías 4, 6]. Entra en el espíritu del estado deseado asumiendo el sentimiento que sería tuyo si ya fueras la persona que deseas ser. Al capturar el sentimiento del estado buscado, te liberas de todo esfuerzo por hacerlo realidad, porque ya lo es. Hay un sentimiento definido asociado con cada idea en la mente del hombre. Captura el sentimiento asociado con tu deseo realizado asumiendo el sentimiento que sería tuyo si ya estuvieras en posesión de lo que deseas, y tu deseo se objetivará.

La fe es sentimiento, «Según tu fe (sentimiento), te sea hecho» [Mateo 9, 29]. Nunca atraes lo que deseas, sino siempre lo que eres. Como un hombre es, así ve. «A quien tiene, se le dará, y a quien no tiene, se le quitará…» [Mateo 13, 12; 25, 29; Marcos 4, 25; Lucas 8, 18; 19, 26]. Aquello que sientes que eres, eso eres, y te es dado aquello que eres. Así que asume el sentimiento que sería tuyo si ya estuvieras en posesión de tu deseo, y tu deseo debe ser realizado.

«Dios creó al hombre a su imagen, a imagen de Dios lo creó» [Génesis 1, 27]. «Haya, pues, en vosotros este sentir que hubo también en Cristo Jesús, quien, siendo en forma de Dios, no consideró el ser igual a Dios como cosa a qué aferrarse» [Filipenses 2, 5-6]. Eres aquello que crees ser.

En lugar de creer en Dios o en Jesús, cree que tú eres Dios o que tú eres Jesús. «El que cree en mí, las obras que yo hago, él las hará también» [Juan 14, 12] debería ser «El que cree como yo creo, las obras que yo hago, él las hará también». Jesús no encontró extraño hacer las obras de Dios, porque él creía que era Dios. «Yo y el Padre somos uno» [Juan 10, 30]. Es natural hacer las obras de aquel que crees ser. Así que vive en el sentimiento de ser la persona que deseas ser y lo serás.

Cuando un hombre cree en el valor del consejo que se le da y lo aplica, establece dentro de sí mismo la realidad del éxito.

Capítulo 5

La búsqueda

A Victoria
El cumplimiento de un sueño

Una vez, en un intervalo ocioso en el mar, medité sobre «el estado perfecto» y me pregunté qué sería yo si mis ojos fueran demasiado puros para contemplar la iniquidad, si para mí todas las cosas fueran puras y estuviera sin condenación. Mientras me perdía en esta ardiente reflexión, me encontré elevado por encima del oscuro entorno de los sentidos. Tan intenso fue el sentimiento que me sentí como un ser de fuego habitando en un cuerpo de aire. Voces como de un coro celestial, con la exaltación de aquellos que habían sido vencedores en un conflicto con la muerte, cantaban «Él ha resucitado. Él ha resucitado», y supe intuitivamente que se referían a mí.

Entonces parecía estar caminando en la noche. Pronto llegué a una escena que podría haber sido el antiguo estanque de Betesda, ya que en ese lugar yacía una gran multitud de personas impotentes –ciegos, cojos, paralíticos– esperando no el movimiento del agua como en la tradición, sino esperando por mí. A medida que me acercaba, sin pensamiento ni esfuerzo de mi parte, fueron moldeados uno tras otro como por el mago de la belleza. Ojos, manos, pies –todos los miembros faltantes– fueron extraídos de algún depósito invisible y moldeados en armonía con la perfección que sentía brotar dentro de mí. Cuando todos fueron hechos perfectos, el coro exclamó: «Está hecho». Entonces la escena se disolvió y desperté.

Sé que esta visión fue el resultado de mi intensa meditación sobre la idea de perfección, porque mis meditaciones invariablemente provocan la unión con el estado contemplado. Me había absorbido tanto en la idea que, por un momento, me convertí en lo que contemplaba, y el alto propósito con el que me había identificado por ese momento atrajo la compañía de cosas elevadas y formó la visión en armonía con mi naturaleza interior. El ideal con el que estamos unidos trabaja por asociación de ideas para despertar mil estados de ánimo y crear un drama acorde con la idea central.

Descubrí por primera vez esta estrecha relación entre los estados de ánimo y la visión cuando tenía unos siete años. Me di cuenta de una vida misteriosa que se agitaba dentro de mí como un océano tormentoso de aterrador poder. Siempre supe cuándo estaría unido a esta identidad oculta, porque mis sentidos estaban expectantes en las noches de estas visitas y sabía sin lugar a dudas que antes del amanecer estaría solo con la inmensidad. Tanto temía estas visitas que me quedaba despierto hasta que mis ojos se cerraban por puro agotamiento. Al cerrar los ojos para dormir, ya no estaba solo, sino que me veía atravesado por otro ser, y sin embargo sabía que era yo mismo. Parecía más viejo que la vida, pero más cercano a mí que mi infancia. Si cuento lo que descubrí en estas noches, no lo hago para imponer mis ideas a otros, sino para dar esperanza a aquellos que buscan la ley de la vida.

Descubrí que mi estado de ánimo expectante funcionaba como un imán para unirme con este Gran Yo, mientras que mis miedos lo hacían aparecer como un mar tormentoso. De niño, concebía este ser misterioso como poder, y en mi unión con él sentía su majestad como un mar tormentoso que me empapaba, luego me sacudía y me arrojaba como una ola indefensa.

Como hombre, lo concebí como amor y a mí mismo como su hijo, y en mi unión con él, ¡qué amor me envuelve ahora! Es un espejo para todos. Cualquier cosa que imaginemos que es, eso es para nosotros.

Creo que es el centro a través del cual se dibujan todos los hilos del universo; por lo tanto, he alterado mis valores y cambiado mis ideas para que ahora dependan de esta causa única de todo lo que es y estén en armonía con ella. Es para mí esa realidad inmutable que moldea las circunstancias en armonía con nuestros conceptos de nosotros mismos.

Mis experiencias místicas me han convencido de que no hay forma de lograr la perfección exterior que buscamos sino mediante la transformación de nosotros mismos.

Tan pronto como tengamos éxito en transformarnos, el mundo se desvanecerá mágicamente ante nuestros ojos y se reconfigurará en armonía con lo que nuestra transformación afirma.

Relataré dos visiones más porque corroboran la verdad de mi afirmación de que, por intensidad de amor y odio, nos convertimos en lo que contemplamos.

Una vez, con los ojos cerrados y radiantes por la meditación, reflexioné sobre la eterna pregunta: «¿Quién soy yo?» y sentí que gradualmente me disolvía en un mar sin orillas de luz vibrante, la imaginación trascendiendo todo miedo a la muerte. En este estado no existía nada más que yo mismo, un océano ilimitado de luz líquida. Nunca me he sentido más íntimo con el Ser.

No sé cuánto duró esta experiencia, pero mi regreso a la Tierra fue acompañado por una sensación clara de cristalización de nuevo en forma humana.

En otra ocasión, estaba acostado en mi cama y, con los ojos cerrados como en el sueño, meditaba sobre el misterio de Buda. Al poco tiempo, las oscuras cavernas de mi cerebro comenzaron a volverse luminosas.

Parecía estar rodeado de nubes luminosas que emanaban de mi cabeza como anillos ardientes y palpitantes. Durante un tiempo no vi nada más que estos anillos luminosos. Entonces apareció ante mis ojos una roca de cuarzo cristalino. Mientras la contemplaba, el cristal se rompió en pedazos que unas manos invisibles moldearon rápidamente en el Buda viviente. Mientras observaba esta figura meditativa, vi que era yo mismo. Yo era el Buda viviente que contemplaba. Una luz como la del Sol brillaba desde esta imagen viviente de mí mismo con intensidad creciente hasta que explotó. Luego la luz fue desvaneciéndose y una vez más me encontré dentro de la oscuridad de mi habitación.

¿De qué esfera o tesoro de diseño surgió este ser más poderoso que humano, sus vestimentas, el cristal, la luz? Si vi, oí y me moví en un mundo de seres reales cuando parecía estar caminando en la noche, cuando los cojos, los paralíticos y los ciegos fueron transformados en armonía con mi naturaleza interior, entonces estoy justificado al suponer que tengo un cuerpo más sutil que el físico, un cuerpo que puede separarse del físico y usarse en otras esferas; porque ver, oír y moverse son funciones de un organismo, por etéreo que sea. Si reflexiono sobre la alternativa de que mis experiencias psíquicas fueran fantasías autogeneradas, no por eso dejo de maravillarme ante este yo más poderoso que me muestra un drama tan real como aquellos que experimento cuando estoy completamente despierto.

He entrado una y otra vez en estas meditaciones ardientes, y sé sin lugar a dudas que ambas suposiciones son verdaderas. Dentro de esta forma terrenal habita un cuerpo sintonizado con un mundo de luz, y yo, mediante intensa meditación, lo he elevado como con un imán a través del cráneo de esta oscura casa de carne.

La primera vez que desperté los fuegos dentro de mí, pensé que mi cabeza iba a explotar. Hubo una vibración intensa en la base de mi cráneo, luego una súbita oblivión de todo. Entonces me encontré vestido con una vestidura de luz y conectado por un cordón elástico plateado al cuerpo dormido en la cama. Tan exaltados estaban mis sentimientos que me sentí relacionado con las estrellas. En esta vestidura vagué por esferas más familiares que la Tierra, pero descubrí que, al igual que en la Tierra, las condiciones estaban moldeadas en armonía con mi naturaleza. «Fantasía autogenerada», te oigo decir. No más que las cosas de la Tierra.

Soy un ser inmortal que me concibo como hombre y formo mundos a semejanza e imagen de mi concepto de mí mismo.

Lo que imaginamos, eso somos. Mediante nuestra imaginación, hemos creado este sueño de vida, y mediante nuestra imaginación volveremos a entrar en ese mundo eterno de luz, convirtiéndonos en lo que éramos antes de imaginar el mundo.

En la economía divina nada se pierde. No podemos perder nada salvo por el descenso desde la esfera donde la cosa tiene su vida natural.

No hay poder transformador en la muerte y, ya sea que estemos aquí o allá, moldeamos el mundo que nos rodea por la intensidad de nuestra imaginación y sentimiento, e iluminamos u oscurecemos nuestras vidas según los conceptos que tenemos de nosotros mismos. Nada es más importante para nosotros que nuestra concepción de nosotros mismos, y especialmente es cierto esto sobre nuestro concepto del Uno profundo y oculto dentro de nosotros.

Aquellos que nos ayudan o nos obstaculizan, lo sepan o no, son los sirvientes de esa ley que moldea las circunstancias exteriores en armonía con nuestra naturaleza interior.

Es nuestra concepción de nosotros mismos lo que nos libera o nos constriñe, aunque pueda usar agencias materiales para lograr su propósito.

Porque la vida moldea el mundo exterior para reflejar el arreglo interior de nuestras mentes, no hay manera de lograr la perfección exterior que buscamos sino a través de la transformación de nosotros mismos.

No viene ayuda desde afuera; las colinas hacia las que levantamos nuestros ojos son las de un rango interior.

Por lo tanto, es a nuestra propia conciencia a la que debemos acudir como la única realidad, el único fundamento sobre el cual todos los fenómenos pueden explicarse. Podemos confiar absolutamente en la justicia de esta ley para darnos sólo aquello que sea de la naturaleza de nosotros mismos.

Intentar cambiar el mundo antes de cambiar nuestro concepto de nosotros mismos es luchar contra la naturaleza de las cosas. No puede haber cambio exterior hasta que primero haya un cambio interior. Como es adentro, es afuera. No estoy abogando por una indiferencia filosófica cuando sugiero que deberíamos imaginarnos ya siendo aquello que deseamos ser, viviendo en una atmósfera mental de grandeza, en lugar de usar medios físicos y argumentos para provocar el cambio deseado.

Todo lo que hacemos, sin acompañarlo de un cambio de conciencia, no es más que un ajuste fútil de las superficies. Por mucho que trabajemos o luchemos, no podemos recibir más de lo que nuestras suposiciones subconscientes afirman.

Protestar contra cualquier cosa que nos suceda es protestar contra la ley de nuestro ser y nuestra autoridad sobre nuestro propio destino.

Las circunstancias de mi vida están demasiado estrechamente relacionadas con mi concepción de mí mismo como para no haber sido lanzadas por mi propio espíritu desde algún almacén mágico de mi ser.

Si hay dolor para mí en estos acontecimientos, debo buscar dentro de mí la causa, porque me mueven de un lado a otro y me hacen vivir en un mundo en armonía con mi concepto de mí mismo.

La intensa meditación provoca una unión con el estado contemplado, y durante esta unión vemos visiones, tenemos experiencias y actuamos en consonancia con nuestro cambio de conciencia. Esto nos muestra que una transformación de la conciencia da como resultado un cambio de entorno y comportamiento.

Sin embargo, nuestras alteraciones ordinarias de conciencia, a medida que pasamos de un estado a otro, no son transformaciones, porque cada una de ellas es rápidamente sucedida por otra en la dirección opuesta; pero siempre que un estado crece tan estable como para expulsar definitivamente a sus rivales, entonces ese estado central y habitual define el carácter y es una verdadera transformación. Decir que estamos transformados significa que las ideas previamente periféricas en nuestra conciencia ahora ocupan un lugar central y forman el centro habitual de nuestra energía.

Todas las guerras prueban que las emociones violentas son extremadamente potentes para precipitar reordenamientos mentales. Cada gran conflicto ha sido seguido por una era de materialismo y avaricia en la que los ideales por los que ostensiblemente se luchó son sumergidos.

Esto es inevitable porque la guerra evoca odio, que impulsa un descenso en la conciencia desde el plano del ideal al nivel donde se libra el conflicto.

Si nos emocionáramos tanto por nuestros ideales como lo hacemos por nuestros desagrados, ascenderíamos al plano de nuestros ideales tan fácilmente como ahora descendemos al nivel de nuestros odios.

El amor y el odio tienen un poder transformador mágico, y crecemos a través de su ejercicio en la semejanza de lo que contemplamos. Por la intensidad del odio, creamos en nosotros el carácter que imaginamos en nuestros enemigos. Las cualidades mueren por falta de atención, por lo que los estados desagradables se podrían borrar mejor imaginando «belleza por cenizas y gozo en lugar de luto» [Isaías 61, 3] en lugar de ataques directos al estado del que queremos liberarnos.

«Cualquier cosa que sea hermosa y de buen nombre, piensa en estas cosas» [Filipenses 4, 8], porque nos convertimos en aquello con lo que estamos en armonía.

No hay nada que cambiar salvo nuestro concepto de nosotros mismos.

La humanidad es un solo ser a pesar de sus muchas formas y rostros, y hay en ella sólo tal aparente separación como la que encontramos en nuestro propio ser cuando estamos soñando.

Las imágenes y circunstancias que vemos en los sueños son creaciones de nuestra propia imaginación y no tienen existencia salvo en nosotros mismos. Lo mismo es cierto de las imágenes y circunstancias que vemos en este sueño de la vida. Revelan nuestros conceptos de nosotros mismos. Tan pronto como tengamos éxito en transformar el yo, nuestro mundo se disolverá y se reconfigurará en armonía con lo que nuestro cambio afirma.

El universo que estudiamos con tanto cuidado es un sueño, y nosotros los soñadores del sueño, soñadores eternos soñando sueños no eternos. Un día, como Nabucodonosor, despertaremos del sueño, de la pesadilla en la que luchamos con demonios, para descubrir que realmente nunca dejamos nuestro hogar eterno; que nunca nacimos y nunca hemos muerto, salvo en nuestro sueño.

Capítulo 6

Rompe la cáscara

Dios desvela su imagen en cuatro actos

«Enséñame, oh, Espíritu Santo, el testimonio de Jesús. ¡Déjame comprender cosas maravillosas de la ley divina!».

BLAKE: «JERUSALÉN», PLACA 74

«Yo soy sólo un consiervo contigo y con tus hermanos que dan testimonio de Jesús».

APOCALIPSIS 19, 10

«Tomad mi yugo sobre vosotros, y aprended de mí».

MATEO 11, 29

«El yugo de la ley» es una expresión rabínica común para el estudio de las escrituras. «Jesucristo, el testigo fiel, el primogénito de entre los muertos» (Apocalipsis 1, 5) propone un intercambio de las Escrituras basado en su propia experiencia personal, en lugar de en la especulación.

Rompe la cáscara

Es muy difícil para el hombre cambiar su comprensión del significado de un evento, una vez que las viejas interpretaciones aceptadas se han fijado rígidamente en su mente. Pero los cuatro actos de Dios que velan su «imagen», «Hagamos al hombre a nuestra imagen» (Génesis 1, 26) aparecen de manera muy diferente en perspectiva a como realmente son vistos en retrospectiva.

La resurrección es el primer acto de Dios en el desvelamiento de su «imagen». Se cumple de una manera que el hombre nunca podría haber adivinado, con un despertar en su cráneo, no al final de su historia, sino dentro de su historia. La resurrección es un evento que ocurre dentro de la vida terrenal del hombre. Nuestra vida humana sólo tiene significado siempre en relación con nuestra resurrección. El hombre así despertado es «declarado Hijo de Dios con poder mediante la resurrección de los muertos; se trata de Jesucristo nuestro Señor» (Romanos 1, 4). La participación en la vida del siglo venidero depende del acto de Dios de despertar a los muertos.

Resucitamos uno por uno para unirnos en un solo Hombre, que es Dios: «Y el Señor será rey sobre toda la Tierra: en ese día el Señor será uno y su nombre uno». (Zacarías 14, 9). La resurrección es una experiencia individual, un despertar en el propio cráneo, seguido instantáneamente por un nacimiento sobrenatural desde su cráneo, un nacimiento privilegiado en una nueva creación. Esto se efectúa sólo por la gracia de Dios; y sólo de tal despertar usa el Nuevo Testamento el término «la resurrección». Todos los demás hombres, aparte de los resucitados, son, en la muerte, restaurados a la vida sólo para morir de nuevo.

«Algunos de los saduceos, que niegan que haya resurrección, se acercaron a Jesús con una pregunta. "Maestro –dijeron–, Moisés nos dejó escrito que si un hombre muere y deja esposa sin hijos, su hermano debe casarse con la viuda para darle descendencia. Había siete hermanos. El primero se casó y murió sin dejar hijos. Lo mismo le ocurrió al segundo y al tercero, y a todos los demás. Finalmente murió también la mujer. Ahora bien, en la resurrección, ¿de cuál de ellos será esposa?". Y Jesús les contestó: "En esta vida los hombres y las mujeres se casan; pero los que son tenidos por dignos de tomar parte en la vida futura y en la resurrección de entre los muertos no se casan, ni pueden morir más, porque son como los ángeles y son hijos de Dios, siendo hijos de la resurrección"» (Lucas 20, 27-36).

«Dios ha despertado del sueño de la vida. Somos nosotros, perdidos en tormentosas visiones, quienes seguimos luchando en vano con fantasmas».

SHELLEY

El propósito de Dios no radica en la evolución del orden natural, sino en el despertar de sus hijos asociados con él. «El universo creado espera con gran expectativa la manifestación de los hijos de Dios» (Romanos 8, 19).

«No creáis que he venido a abolir la ley y los profetas; no he venido a abolir, sino a cumplir. Os digo la verdad: mientras existan el cielo y la Tierra, ni una letra, ni una coma desaparecerán de la ley hasta que todo se haya cumplido» (Mateo 5, 17-18).

«Mi tarea es dar testimonio de la verdad. Para esto nací, para esto vine al mundo, y todo aquel que no esté sordo a la verdad escucha mi voz» (Juan 18, 37-38).

«Yo estaba muerto, pero ahora estoy vivo para siempre jamás» (Apocalipsis 1, 18).

«Jesucristo, el testigo fiel, el primogénito de entre los muertos» (Apocalipsis 1, 5).

El testimonio de Jesús debe ser escuchado y respondido. Algunos serán convencidos por lo que dice, mientras que otros no creerán. El testimonio de Jesús no puede inducirse a voluntad. Es el desvelamiento de la imagen de Dios. Este despertar repentino y completamente inesperado en el cráneo de uno mismo, para descubrir que era un sepulcro en el que uno había estado sepultado, es desconcertante y deja perplejo.

La resurrección es el primer acto de Dios en el desvelamiento de su deseo primordial, «Hagamos al hombre a nuestra imagen» (Génesis 1, 26). «El que comenzó en vosotros la buena obra la llevará a cabo hasta el día de Jesucristo» (Filipenses 1, 6). Jesucristo es «la imagen del Dios invisible» (Colosenses 1, 15). La obra de Dios en ti se completa cuando «tomas la forma de Cristo» (Gálatas 4, 19). Entonces serás despertado y resucitado de entre los muertos.

El primer acto por el cual Dios desvela «al Hijo que es el resplandor de la gloria de Dios y la representación exacta de su ser» (Hebreos 1, 3) es un acto doble. Despierta al durmiente y lo saca de su cráneo: nacido de nuevo.

«Despierta, tú que duermes,
levántate de entre los muertos,
y Cristo resplandecerá sobre ti».

Efesios 5, 14

Él es «nacido de nuevo... mediante la resurrección de Jesucristo de entre los muertos, y a una herencia incorruptible, inmaculada, e inmarcesible, guardada en el cielo para él» (1 Pedro 1, 3-4).

El «nuevo nacimiento» sigue a «la resurrección».

«La carne sólo puede dar a luz carne; es el espíritu el que da a luz espíritu. No te sorprendas, entonces, cuando te digo que debes nacer de nuevo. El viento sopla donde quiere; oyes su sonido, pero no sabes de dónde viene, ni a dónde va. Así es todo aquel que es nacido del espíritu» (Juan 3, 6-8).

El hombre despierta dentro de su cráneo para descubrir que está sepultado dentro de él. Sabe intuitivamente que si empuja la base del cráneo se abrirá una abertura y podrá salir. Empuja la base, encuentra una abertura y sale primero la cabeza, de la misma manera en que nace un niño. Mientras contempla el cráneo del cual acaba de emerger, de repente aparece un sonido como el de un viento fuerte que llena toda la habitación; oye el sonido, pero no sabe «de dónde viene ni a dónde va». Su atención se desvía por un momento del cuerpo del cual acaba de emerger debido al sonido del viento. Cuando vuelve a mirar el cuerpo, se sorprende al descubrir que ha sido removido y en su lugar se sientan tres hombres; uno donde estaba la cabeza y dos donde estaban los pies.

Ellos también oyen el sonido del poderoso viento, pero no saben «de dónde viene ni a dónde va». No ven al hombre que ha nacido de su cráneo, pero encuentran la señal de su nacimiento; un bebé envuelto en pañales acostado en el suelo.

«Hoy en la ciudad de David, un salvador ha nacido para vosotros, el Mesías, el Señor. Y ésta será la señal para vosotros: hallaréis a un niño envuelto en pañales y acostado en un pesebre» (Lucas 2, 11-12).

Encuentran la señal de su nacimiento, pero no al hombre nacido dos veces, porque ahora es «declarado Hijo de Dios con poder mediante la resurrección de los muertos» (Romanos 1, 4).

«Mi Padre y yo somos uno» (Juan 10, 30).

El segundo gran acto desvela el misterio de la paternidad y hermandad del hombre. El hombre encuentra a David, el famoso personaje bíblico, y descubre que la naturaleza y misión de David son espirituales, no físicas ni históricas. «He hallado a David... Él clamará por mí: tú eres mi Padre, mi Dios y la Roca de mi salvación» (Salmos 89, 20-26). «Tú eres mi hijo, hoy te he engendrado» (Salmos 2, 7). «Nadie conoce al Hijo, sino el Padre, ni nadie conoce al Padre, sino el Hijo y aquéllos a quienes el Hijo quiera revelárselo» (Lucas 10, 22).

«Jesús les dijo: ¿cómo dicen que el Mesías es hijo de David? Pues David mismo lo llama "Señor": ¿cómo puede ser entonces su hijo?» (Lucas 20, 41-44). David en el espíritu lo llama «mi Padre». Cuando el «Mesías», «la imagen del Dios invisible», se forma en el hombre, ese hombre encontrará a David y David lo llamará Padre. Finalmente, todos los hombres le dirán a David: «Tú eres mi hijo, hoy te he engendrado» (Salmos 2, 7), y todos conocerán la paternidad y la hermandad del hombre.

«Felipe le dijo: "Señor, muéstranos al Padre y no pediremos nada más". Jesús le contestó: "Felipe, ¿tanto tiempo he estado con vosotros, y aún no me conoces? El que me ha visto a mí ha visto al Padre. Entonces, ¿cómo puedes decir: muéstranos al Padre? ¿No crees que yo estoy en el Padre y el Padre en mí?"» (Juan 14, 8-10).

El tercer gran acto que desvela la imagen de Dios es de naturaleza dual.

«Tú eres el templo de Dios y el Espíritu de Dios habita en ti» (1 Corintios 3, 16). «Y la cortina del templo se rasgó en dos, de arriba abajo» (Marcos 15, 38). «Así que, amigos míos, la sangre de Jesús nos hace libres para entrar confiadamente en el santuario por el nuevo camino viviente que él ha abierto para nosotros a través de la cortina, el camino de su carne» (Hebreos 10, 19-20).

Un rayo de luz parte al hombre en dos desde la parte superior de su cráneo hasta la base de su columna vertebral. Es hendido como si fuera un árbol que ha sido partido por un rayo. Al pie de su cuerpo partido ve «la sangre de Jesús», un charco de oro fundido; sabe que es él mismo; luego, fusionándose con «la sangre de Jesús», asciende por su columna vertebral en un movimiento serpenteante hacia su cráneo. Esto es para cumplir la Escritura: «Este Hijo del Hombre debe ser levantado, como la serpiente fue levantada por Moisés en el desierto» (Juan 3, 14).

El cuarto y último acto es una expresión de la satisfacción de Dios con su obra. «Y Dios vio todo lo que había hecho, y he aquí que era muy bueno» (Génesis 1, 31).

El cráneo del hombre de repente se vuelve translúcido. Flotando sobre él, como si estuviera suspendida en el aire, hay una paloma con los ojos enfocados amorosamente en él. «Y he aquí, los cielos se abrieron para él y vio al Espíritu de Dios descendiendo como paloma, y posándose sobre él; y una voz del cielo dijo: "Éste es mi hijo, mi amado, en quien tengo complacencia"» (Mateo 3, 16-17). La paloma desciende sobre él y lo envuelve en amor, besando su rostro, su cabeza, su cuello. Estos cuatro actos poderosos, aunque separados en el tiempo por aproximadamente tres años y medio, son todos parte de un solo complejo.

En estos cuatro actos místicos y sobrenaturales del hombre resucitado, se le confieren al Cristo resucitado los nombres divinos de Jesús, Padre, Hijo del Hombre, Hijo de Dios.

La resurrección es una experiencia personal única; es por definición la resurrección del Cristo. Aunque la resurrección misma no se describe en las Escrituras, representa el punto central de la fe cristiana. Marca la división entre esta edad y aquélla en la que incluso la ley de la muerte se rompe, donde uno no muere más, donde todos son iguales a los ángeles, hijos ya no de este mundo, sino de ese mundo, de Dios y de la resurrección: es una nueva creación.

Convertirse en otra persona es extinguirse uno mismo, en efecto, morir. Es en este sentido que Dios murió por el hombre. «Él, siendo en forma de Dios… se despojó a sí mismo, tomando forma de siervo, siendo hecho a semejanza de los hombres» (Filipenses 2, 6-7). Dios se hizo hombre para que el hombre pudiera convertirse en Dios.

«Yo pongo mi vida para recibirla de nuevo. Nadie me la quita; la pongo de mi propia voluntad. Tengo el derecho de ponerla y tengo el derecho de recibirla de nuevo» (Juan 10, 17-18).

Después de la resurrección, el hombre lee de nuevo en las antiguas Escrituras insinuaciones y prefiguraciones de la verdad tal como la experimentó. «En el rollo del libro está escrito de mí» (Salmos 40, 7). «¿No os dais cuenta de que Jesucristo está en vosotros?» (2 Corintios 13, 5). Cristo no pudo «emerger» del hombre en el que no existía.

«Han sacado al Señor del sepulcro, y no sabemos dónde lo han puesto... porque aún no sabían (es decir, no entendían) la Escritura, que debía resucitar de entre los muertos» (Juan 20, 2, 9).

Uno de los hombres en la tumba encontró «El Niño», la señal del nacimiento sobrenatural, «pero a él no lo vieron» (Lucas 24, 24), el hombre que nació sobrenaturalmente. ¡Él ha resucitado! ¡Ha nacido de nuevo, dijo! «Pero estas palabras les parecían a los otros un cuento ocioso, y no las creyeron» (Lucas 24, 11).

Ser resucitado es «llevar la imagen del hombre celestial» (1 Corintios 15, 49). No hay pérdida de identidad, pero hay una discontinuidad radical de forma. «Él transformará nuestro cuerpo humilde para que sea como su cuerpo glorioso» (Filipenses 3, 20-21).

El deseo primordial de Dios «Hagamos al hombre a nuestra imagen» está madurando hacia su hora señalada. Y «no os corresponde a vosotros conocer los tiempos o las sazones que el Padre ha fijado con su propia autoridad» (Hechos 1, 7).

«La visión tiene su hora señalada;
madura, florecerá;
si tarda, espera,
pues ciertamente vendrá y no se retrasará».

(HABACUC 2, 3)

La historia sagrada de Israel, tal como está registrada en el Antiguo Testamento, es una historia completamente profética que Dios lleva a su clímax y cumplimiento en Jesucristo en ti.

«El Señor de los ejércitos ha jurado:
como lo he planeado,
así será,
y como lo he propuesto,
así se cumplirá».

ISAÍAS 14, 24.

Las promesas de Dios, atesoradas durante tanto tiempo como capullos en el árbol de su propósito revelador, florecerán –en cuatro actos poderosos– en Cristo en ti. La plena fuerza de esta verdad puede pasarse por alto porque no eres consciente de ninguna ruptura repentina con el pasado. Ha sucedido algo nuevo. Has nacido de nuevo.

«Grande, en verdad, confesamos, es el misterio de nuestra religión».

1 TIMOTEO 3, 16

Todo lo escrito en las Escrituras sobre Jesucristo está escrito sobre el hombre. «Y cuando llegaron al lugar llamado el Gólgota, allí lo crucificaron» (Lucas 23, 33). La «tumba excavada en la roca, donde nadie había sido puesto» (Lucas 23, 53) es el cráneo del hombre. Y «si hemos sido unidos con él en una muerte como la suya, ciertamente seremos unidos con él en una resurrección como la suya» (Romanos 6, 5).

Capítulo 7

Resurrección

«Después de que Juan fue arrestado, Jesús vino a Galilea, predicando el evangelio de Dios, y diciendo: El tiempo se ha cumplido, y el Reino de Dios está cerca; arrepentíos, y creed en el evangelio».

MARCOS 1, 14-15

El ministerio de Jesús comenzó después del de Juan en Judea. «Jesús, cuando comenzó su ministerio, tenía como treinta años».

LUCAS 3:23

La tierra de los siglos había sido arada y preparada para el evangelio de Dios. Y los hombres empezaron a experimentar el plan de salvación de Dios.

Los autores del evangelio de Dios son anónimos, y todo lo que podemos realmente saber sobre ellos debe derivarse de nuestra propia experiencia de las Escrituras. Su autoridad no residía en las Escrituras como un código muerto escrito, sino en su propia experiencia de las Escrituras. Su evangelio no era una nueva religión, sino el cumplimiento de una tan antigua como la fe de Abraham. «Y la Escritura, previendo que Dios justificaría a los gentiles por la fe, anunció de antemano el evangelio a Abraham» (Gálatas 3, 8). Y Abraham creyó a Dios y vivió de acuerdo con la visión previa de la historia de la salvación que Dios le había concedido.

Los autores desconocidos del evangelio enfatizan el cumplimiento de las Escrituras en la vida de Jesucristo. Cristo en nosotros cumple las Escrituras. «¿No os dais cuenta de que Jesucristo está en vosotros?» (2 Corintios 13, 5). «He sido crucificado con Cristo; ya no vivo yo, sino que Cristo vive en mí» (Gálatas 2, 20). «Porque si hemos sido unidos con Él en una muerte como la suya, ciertamente seremos unidos con Él en una resurrección como la suya» (Romanos 6, 4).

La repetición en nosotros, a través de su morada interna, ha sido expresada por Johann Scheffler, un místico del siglo XVII.

«Aunque Cristo mil veces nazca en Belén,
Si no nace en ti, tu alma aún está perdida».

EDWARD THOMAS

«Y Él les dijo: ¡Oh, insensatos, y tardos de corazón para creer todo lo que los profetas han hablado! ¿No era necesario que el Cristo sufriera estas cosas y entrara en su gloria? Y comenzando por Moisés y todos los profetas, les interpretó en todas las Escrituras las cosas que le concernían [...] todo lo que está escrito acerca de mí en la ley de Moisés y los profetas y los salmos debe cumplirse. Entonces les abrió la mente para que comprendieran las Escrituras» (Lucas 24, 25-27, 44-45).

«Y leyeron del libro, de la ley de Dios, con interpretación, y dieron el sentido, para que el pueblo entendiera la lectura» (Nehemías 8, 8).

El Antiguo Testamento es un plano profético de la vida de Jesucristo. El evangelio de Dios es la revelación del futuro concedida a Abraham. «Abraham se regocijó de ver mi día» (Juan 8, 56). Se trata del Cristo resucitado. La participación en la vida de la era venidera depende del acto de Dios de resucitar a los muertos. La resurrección de Jesucristo es la victoria de Dios. Que «seremos unidos con Él en una resurrección como la suya» es la promesa de la victoria de Dios para todos.

Pero antes del día de la victoria, el hombre debe ser refinado en el horno de la aflicción. «Te he probado en el horno de la aflicción. Por mi propia causa, por mi propia causa lo hago, pues ¿cómo podría mi nombre ser profanado? No daré mi gloria a otro» (Isaías 48, 10-11). Hace falta el horno de la aflicción para conformarnos a la imagen de su Hijo, y por tanto a la imagen del Padre, porque el Padre y el Hijo son uno.

«Entonces vinieron a él todos sus hermanos y hermanas y todos los que lo habían conocido antes… y lo consolaron por todo el mal que el Señor le había traído… Y el Señor bendijo los últimos días de Job más que su principio» (Job 42, 11-12). La historia de Job es la historia del hombre, la víctima inocente de un cruel experimento por parte de Dios. «Y Dios dijo: "Hagamos al hombre a nuestra imagen"» (Génesis 1, 26). Sin embargo, «Considero que los sufrimientos de este tiempo presente no son comparables con la gloria que se ha de revelar en nosotros» (Romanos 8, 18), y esa gloria no es otra cosa que la revelación de Dios el Padre en nosotros, como nosotros.

Nada puede sustituir el testimonio personal del plan de salvación de Dios. El plan del misterio es inherente a la creación. Lo que tan proféticamente se habló al mundo en el Antiguo Testamento se realiza en la propia personalidad. Todo me fue predicho, pero nada pude prever, hasta que aprendí quién es realmente Jesucristo después de que la historia se recreó en mí.

El hombre que ha experimentado las Escrituras no puede escapar de la responsabilidad de contar su significado a sus semejantes. Los escritores desconocidos del evangelio de Dios no estaban describiendo situaciones y eventos del pasado como historiadores. Su historia de Jesucristo es su propia experiencia del plan de redención de Dios como hombres que ellos mismos habían experimentado la redención.

Ellos relataron sus propias experiencias. Son testigos de primera categoría que testifican la verdad de la Palabra de Dios, sin vacilar en interpretar el Antiguo Testamento de acuerdo con sus propias experiencias sobrenaturales.

Habiendo experimentado la historia de la salvación, puedo añadir mi testimonio al de ellos y decir que todo se ha hecho tal como lo dijeron. Sus experiencias, así atestiguadas, enfrentan a los hombres con la responsabilidad de aceptar o rechazar su interpretación del Antiguo Testamento. Su testimonio debe ser escuchado y respondido. Uno debe experimentar las Escrituras por sí mismo antes de poder empezar a comprender lo maravillosas que son. No dan cuenta de la apariencia personal de Jesús, porque cuando la historia de la salvación se recrea en el hombre, el hombre sabrá que «Yo soy Él» [Lucas 22, 70; Juan 4, 26; 8, 18; 8, 24; 8, 28; 13, 19; 18, 5-6]. «El que se une al Señor se convierte en un solo espíritu con él» (1 Corintios 6, 17).

«Estando en la forma de Dios [...] se despojó a sí mismo, tomando la forma de esclavo, siendo hecho a semejanza de los hombres. Y hallándose en forma humana, se humilló a sí mismo y se hizo obediente hasta la muerte, y muerte de cruz» (Filipenses 2, 6-8) del hombre. Abdicó su forma divina y asumió la forma de esclavo. No sólo se disfrazó de esclavo, sino que se convirtió en uno, sujeto a todas las debilidades y limitaciones humanas. Dios, que entró por la puerta de la muerte, el cráneo humano, el Gólgota, es ahora el Salvador del mundo. Dios es nuestra salvación.

«Nuestro Dios es un Dios de salvación; y a Dios, el Señor, pertenece la escapatoria de la muerte» (Sal 68, 19-20). «A menos que yo muera, tú no puedes vivir; pero si yo muero, me levantaré de nuevo y tú conmigo» [William Blake, «Jerusalén», capítulo 4: placa 96]. El grano de trigo establece el misterio de la vida a través de la muerte.

«A menos que un grano de trigo caiga en la tierra y muera, permanece solo; pero si muere, lleva mucho fruto» (Juan 12, 24). Éste es el secreto del plan de salvación de Dios. Dios logra su propósito mediante la autolimitación, contracción para expandirse. Dios mismo entra por la puerta de la muerte, mi cráneo, y se acuesta en la tumba conmigo. Y, con disculpas a William Blake,

«Lo que se me haga, no lo puedo saber,
y si me preguntas, juraré que así es.
Sea bueno o malo, nadie es culpable:
sólo Dios puede tomar el orgullo,
sólo Dios la vergüenza».

«Y estoy seguro de que aquel que comenzó una buena obra en mí la completará en el día de Jesucristo» (Filipenses 1, 6). Cuando la imagen del no engendrado se forma en mí, entonces aquel que estuvo tan largamente envuelto en mí, se desenrolla, y yo soy Él. «Nadie ha ascendido al cielo sino aquel que descendió del cielo, el Hijo del Hombre» (Juan 3, 13). Dios mismo descendió voluntariamente a su tumba en el Gólgota, mi cráneo. «Pongo mi vida para volverla a tomar. Nadie me la quita, sino que yo la pongo de mí mismo»

(Juan 10, 17-18). «Porque tu Hacedor es tu marido, el Señor de los ejércitos es su nombre» (Isa 54, 5). Y «Se adhiere a su esposa y se convierten en una sola carne» (Génesis 2, 24). Porque, «El que se une al Señor se convierte en un solo espíritu con él» (1 Corintios 6, 17). «Lo que Dios ha unido, que no lo separe el hombre» (Marcos 10, 9). El hombre es la emanación de Dios, pero su esposa hasta que el sueño de la muerte pase. «¡Despiértate! ¿Por qué duermes, Señor? ¡Despierta!» (Salmos 44, 23). Cuando él despierta, «Yo soy él». Dios se acostó dentro de mí para dormir, y mientras dormía, soñaba un sueño; soñaba que él era yo, y cuando él despierta, yo soy él.

Pero ¿cómo sé que soy él? A través de la revelación de su hijo David, quien en el Espíritu me llama Padre.

«Yo soy el camino, y la verdad, y la vida; nadie viene al Padre sino por mí […]. El que me ha visto, ha visto al Padre» (Juan 14, 6-9). La unión con el Cristo resucitado es el único camino al Padre. Porque, «Cristo y el Padre son uno» (Juan 10, 30). El camino conduce a través de la muerte hacia la vida eterna.

La búsqueda del hombre por Cristo como la autoridad en la que puede confiar, a la que puede respetar, y a la que puede someterse, es su anhelo por el Padre que vive en él, por ese mismo Padre que el Cristo del Evangelio reclama ser. El Cristo del Evangelio es el Padre Eterno en el hombre. Este anhelo por el Padre es el clamor del hombre que termina el Nuevo Testamento. «Ven, Señor Jesús» (Apocalipsis 22, 20). «¿No os dais cuenta de que Jesucristo está en vosotros?» (2 Corintios 13, 5). «Y en él habita corporalmente toda la plenitud de la deidad» (Colonenses 2, 9), no figuradamente, sino genuinamente en un cuerpo. Éste es «el misterio escondido por siglos y generaciones, que es Cristo en vosotros, la esperanza de gloria» (Colonenses 1, 26-27).

El conocimiento imperfecto de Jesús ha cegado al hombre ante la verdadera naturaleza del Padre. El Señor Jesús es Dios el Padre, quien se hizo hombre para que el hombre se convierta en el Señor Jesús, el Padre. La investigación de los historiadores no puede ofrecer conocimiento de quién es el Padre. «Nadie puede decir "Jesús es Señor" sino por el Espíritu Santo» (1 Corintios 12, 3). El objetivo del hombre es encontrar al Padre, pero Dios el Padre sólo es conocido a través de su Hijo. «Nadie conoce al Hijo sino el Padre, y nadie conoce al Padre sino el Hijo y aquél a quien el Hijo elija revelarlo» (Mateo 11, 27). Sólo el Padre y el Hijo se conocen mutuamente. «No llaméis a nadie vuestro Padre en la tierra, porque tenéis un Padre, que está en los cielos» (Mateo 23, 9) y los cielos están «dentro de vosotros» (Lucas 17, 21).

Y David dijo: «Proclamaré el decreto del Señor; él me dijo: "Tú eres mi Hijo, hoy te he engendrado"» (Salmo 2, 7). La filiación divina de David es única, la única de su clase y completamente sobrenatural. Él fue «nacido, no de sangre, ni de voluntad de la carne, ni de voluntad de hombre, sino de Dios» (Juan 1, 13).

El Padre será hallado por el hombre sólo en una experiencia en primera persona singular, en tiempo presente, cuando David en el Espíritu lo llame Padre, es decir, mi Señor. Jesús les hizo una pregunta, diciendo: «¿Qué pensáis del Cristo? ¿De quién es hijo?». Ellos le dijeron: «El hijo de David». Él les dijo: «¿Cómo es entonces que David, en el Espíritu, lo llama Señor?... Si David lo llama Señor, ¿cómo es su hijo?» (Mateo 22, 41-45).

En el pensamiento hebreo, la historia consiste en todas las generaciones de hombres y sus experiencias fusionadas en un gran todo, y este tiempo concentrado, en el que todas las generaciones están fusionadas y del que brotan, se llama «eternidad». La Escritura dice que: «Dios ha puesto eternidad en la mente del hombre, pero de modo que el hombre no pueda averiguar lo que Dios ha hecho desde el principio hasta el fin» (Eclesiastés 3, 11).

La palabra hebrea para «eternidad» también significa «juventud, joven, mozo».

Saúl vio a David y dijo a Abner: «¿De quién es hijo este joven?... Pregunta de quién es hijo este mozo». Luego, volviéndose a David, le dijo: «¿De quién eres hijo, joven?». Y David respondió: «Soy hijo de tu siervo Isaí el betlemita» (1 Samuel 17, 55-58). ¿De quién es hijo...? Nota en todos los pasajes (1 Samuel 17, 55-56-58; Mateo 22, 42), la pregunta no es sobre el hijo, sino sobre su Padre. El Padre dado a conocer por David es el Padre eternamente verdadero.

Es en nosotros como personas donde Dios el Padre es revelado. David dijo: «Soy hijo de Isaí». Isaí es cualquier forma del verbo ser. La respuesta de David fue: «Soy hijo de Aquel cuyo Nombre es "YO SOY". Soy hijo del Señor».

Uno de los nombres para Dios es el nombre que dio a Moisés. «Di a los hijos de Israel "YO SOY me ha enviado a vosotros"» (Éxodo 3, 14). Él es el Eterno «YO SOY». La primera revelación de Dios de sí mismo es como «Dios Todopoderoso» (Éxodo 6, 3). Su segunda revelación de sí mismo es como «El Eterno YO SOY» (Éxodo 3, 14). Su revelación final de sí mismo es como «el Padre» (Juan 17). Sólo el Hijo puede revelar a Dios como Padre. «Nadie ha visto a Dios jamás; el Hijo unigénito, que está en el seno del Padre, él le ha dado a conocer» (Juan 1, 18).

Es Dios mismo, el Eterno YO SOY, y su Hijo unigénito, el eterno joven David, quien entró en la mente del hombre. Al final de su viaje a través de los fuegos de la aflicción en esta era de muerte eterna, el hombre encontrará a David y exclamará: «He hallado a David... Él clamará a mí: "Tú eres mi Padre, mi Dios, y la Roca de mi salvación"» (Salmos 89, 20-26).

No me revelo a mí mismo directamente como Dios o como Jesucristo, sino por implicación paralela con las Escrituras, cuando David en el Espíritu me llama Padre. Y esta sabiduría desde dentro es sin incertidumbre.

«Cuando le agradó a Dios revelar a su Hijo en mí, no consulté con carne y sangre» (Gálatas 1, 15-16). El hombre en quien aparece el Hijo de Dios encuentra difícil convencer a otros de la realidad de la revelación, porque estas experiencias sobrenaturales de las Escrituras tienen lugar en un reino de acción demasiado remoto de nuestra experiencia común. Todo el drama pertenece a un mundo mucho más real y vital que aquél en el que el intelecto habita para que la imaginación histórica lo entienda.

«Oh, si pudiera contarlo, seguramente lo creeríais.
Oh, si sólo pudiera decir lo que he visto.
¿Cómo podría contar o cómo podríais recibirlo,
¿cómo, hasta que os lleve adonde yo he estado?».

F. W. H. Myers

Esta entrada en la relación Padre-Hijo es verdaderamente por la gracia de Dios. «Porque de tal manera amó Dios al mundo, que dio a su Hijo unigénito» (Juan 3, 16). Fue el plan eterno de Dios darse a sí mismo al hombre. Y es el Hijo, llamándolo Padre, quien le asegura que realmente es el Padre.

Cuando David en el Espíritu lo llama Padre, no pierde su individualidad distintiva ni deja de ser el ser que era antes, pero ese ser ahora incluye un ser mucho mayor, que no es otro que Jesucristo, a quien David en el Espíritu llamó «Señor». El hombre es heredero de una promesa y de una presencia. «Abraham, habiendo esperado pacientemente, obtuvo la promesa» (Hebreos 6, 15). La gracia es la expresión final del amor de Dios en acción, que el hombre experimentará cuando el Hijo se revele en él, y quien a su vez revela al hombre como el Padre.

La autoridad que subyace a la historia de Jesucristo es un testimonio doble; el testimonio interno del Padre y el testimonio externo de las Escrituras. Dios mismo vino, y viene, a la historia humana en la persona del Jesús encarnado dentro de nosotros. Esto será confirmado por los «signos», que el hombre experimentará como fue predicho en las Escrituras.

«El Padre que mora en mí hace sus obras. Creedme que yo estoy en el Padre y el Padre en mí; de lo contrario, creed por las mismas obras. En verdad, en verdad os digo, el que cree en mí, también hará las obras que yo hago; y mayores que éstas hará, porque yo voy al Padre» (Juan 14, 10-12). «Salí del Padre y he venido al mundo; de nuevo, dejo el mundo y voy al Padre» (Juan 16, 28). «Yo y el Padre somos uno» (Juan 10:30).

La visión de Dios se concede a aquellos que han tenido la revelación del Padre en la vida del Jesús encarnado en ellos, cuando el Hijo unigénito David los llama Padre.

Sólo cuando los «signos» se conviertan en nuestra experiencia, el propósito de Dios –y por lo tanto el propósito de las Escrituras– se cumplirá en nosotros. «La Escritura debe cumplirse en mí… porque lo que está escrito acerca de mí tiene su cumplimiento» (Lucas 22, 37).

Dios se dio a sí mismo a todos nosotros, a cada uno de nosotros. Y es su Hijo unigénito David, en el Espíritu, llamándonos Padre, quien nos hace estar seguros de que realmente es así. «Si el Hijo os libera, seréis verdaderamente libres» (Juan 8, 36). «Y cuando David regresó de la matanza del filisteo... con la cabeza del filisteo en su mano, Saúl le dijo: "¿De quién eres hijo, joven?"» (1 Samuel 17, 57-58), porque no conocía al padre de David, a quien había prometido (1 Samuel 17, 25) liberar en Israel. El rey había prometido liberar al padre del hombre que destruyera al enemigo de Israel.

No debemos ignorar el carácter muy personal y sobrenatural del plan de salvación de Dios. El cumplimiento del plan ocurre en el hombre; se inaugura por el evento llamado «su resurrección de los muertos» [Hechos 26, 23; Romanos 1, 4, etc.]. «Hemos nacido de nuevo... por la resurrección de Jesucristo de entre los muertos» (1 Pedro 1, 3). Es Cristo en vosotros – vuestro YO SOY quien ha resucitado–. La resurrección marca el comienzo de la liberación de Jesucristo, el Padre, del cuerpo de pecado y muerte, y su retorno a su cuerpo divino de Amor, la forma humana divina.

Éste fue el propósito del Señor desde el principio «que él presentó en Cristo como un plan para la plenitud de los tiempos» (Efesios 1, 9-10). «El Señor de los ejércitos ha jurado: Como he planeado, así será, y como he determinado, así permanecerá» (Isaías 14, 24).

Vive y actúa con la seguridad de que Dios ha llevado su plan a cumplimiento y continúa haciéndolo. Dios mismo vino, y viene, a la historia humana en la persona de Jesucristo en ti, en mí, en todos. Dios despertó en los autores anónimos de los evangelios, y continúa despertando en el hombre individual. Cree en su testimonio; no busques nuevos caminos de acceso a una meta ya alcanzada.

Quizás la mejor descripción de los autores desconocidos del evangelio de Dios se da en las palabras: «Lo que [...] hemos oído, lo que hemos visto con nuestros ojos, lo que hemos contemplado, y nuestras manos han tocado, acerca de la Palabra de vida [...], Lo que hemos visto y oído os lo declaramos» (1 Juan 1, 1-3). La fe no está completa hasta que se convierte en experiencia. Es esencial que aquéllos cuyos ojos han visto y cuyas manos han tocado la Palabra de vida sean enviados y conscientes de sí mismos como enviados, para declararlo al mundo.

Es el Cristo resucitado, el hombre dos veces nacido, quien dice: «Llevad mi yugo sobre vosotros, y aprended de mí... y hallaréis descanso para vuestras almas» (Mateo 11, 29). Él ofrece su conocimiento de las Escrituras basado en su propia experiencia, para el de otros basado en especulación. Acepta su oferta. Y te mantendrá de perder tu camino entre las especulaciones enmarañadas que pasan por verdad religiosa. Y te mostrará el único camino al Padre.

El hombre que es enviado a predicar el evangelio de Dios es primero llamado, y llevado en Espíritu a la asamblea divina donde los dioses sostienen juicio. «Dios ha tomado su lugar en el consejo divino; en medio de los dioses sostiene juicio» (Salmos 82, 1).

La palabra hebrea *Elokim* es plural, una unidad compuesta, una hecha de otros. En esta oración se traduce como Dios y dioses. El hombre que es llamado es llevado ante el Elokim, el Cristo resucitado. Se le pide que nombre lo más grande del mundo; él responde con las palabras de Pablo: «la fe, la esperanza y el amor, estos tres; pero el mayor de ellos es el amor» (1 Corintios 13, 13). En ese momento, Dios lo abraza, y se fusionan y se convierten en Uno. Porque «el que se une al Señor se convierte en un solo espíritu con él» (1 Corintios 6, 17). «Así que ya no son dos, sino uno. Lo que Dios ha unido, que no lo separe el hombre» (Mateo 19, 6). Los hombres son llamados uno a uno para unirse en un solo Hombre, que es Dios. «El Señor trillará el grano, y seréis recogidos uno por uno, pueblo de Israel» (Isaías 27, 12).

Esta unión con el Cristo resucitado es el bautismo con el Espíritu Santo. Desde su bautismo con el Espíritu Santo hasta su resurrección, pasan los «días del Mesías» [Talmud de Babilonia: Sanhedrín 98], un período de treinta años. Durante este período, está tan abrumadoramente enamorado de su misión, como mensajero y predicador del evangelio de Dios, un evangelio que ha puesto tal presión sobre él que no puede hacer otra cosa, siente que «si predico el evangelio, no tengo de qué jactarme. Porque sobre mí pesa esta necesidad. ¡Ay de mí si no predico el evangelio!» (1 Corintios 9, 16).

Una compulsión divina lo impulsa, como lo hizo con Jeremías, quien dijo: «Si digo, "No lo mencionaré, ni hablaré más en su nombre", hay en mi corazón como un fuego ardiente encerrado en mis huesos, y me canso de contenerlo, y no puedo» (Jeremías 20, 9).

El final de este período de treinta años llega con tal dramatismo que no tiene tiempo de observar su llegada. «Jesús, cuando comenzó su ministerio, tenía unos treinta años» (Lucas 3, 23). Ahora la historia de Jesucristo se despliega en él en una serie de las experiencias más personales, en primera persona singular, en tiempo presente. Toda la serie de eventos toma tres años y medio. Comienza con su resurrección y nacimiento de lo alto.

«Los muertos oyeron la voz del niño
y comenzaron a despertar del sueño:
todas las cosas oyeron la voz del niño
y comenzaron a despertar a la vida.

WILLIAM BLAKE

Mientras duerme en su cama y sueña con la sociedad redimida de una ciudad «llena de niños y niñas jugando en sus calles» (Zacarías 8, 5), una intensa vibración centrada en la base de su cráneo lo despierta, «Despierta, oh, durmiente, y levántate de los muertos, y Cristo te alumbrará» (Efesios 5, 14). Al despertar, descubre que no está en la habitación donde se quedó dormido, sino en su propio cráneo (Gólgota). Su cráneo es una tumba completamente sellada. No sabe cómo llegó allí, pero su único deseo es salir. Empuja la base de su cráneo, y algo rueda dejando una pequeña abertura. Empuja su cabeza a través de la abertura y se exprime poco a poco de la misma manera que un niño nace del útero de su madre. Mira su cuerpo del que acaba de salir. Su rostro está pálido, tendido de espaldas, moviendo la cabeza de un lado a otro como alguien que se recupera de una gran prueba.

«Vosotros estaréis tristes, pero vuestra tristeza se convertirá en alegría. Cuando una mujer está de parto, siente tristeza porque ha llegado su hora; pero cuando ha dado a luz al niño, ya no se acuerda de la angustia, por la alegría de que ha nacido un niño en el mundo» (Juan 16, 20-21).

«Porque allí nace el bebé en alegría
que fue engendrado en gran dolor;
así como cosechamos con gozo el fruto
que sembramos en lágrimas amargas».

WILLIAM BLAKE

«Debes nacer de lo alto» (Juan 3, 7). «La Jerusalén de arriba es libre, y ella es nuestra madre» (Gálatas 4, 26). El cráneo que era su tumba se convirtió en el útero del que nació de nuevo. La vibración dentro de su cráneo que lo despertó del sueño parece ahora venir de fuera, suena como un gran viento. Gira la cabeza en la dirección donde parece venir el viento. Al mirar hacia atrás, donde estaba su cuerpo, se sorprende al encontrar que ha desaparecido, pero en su lugar están sentados tres hombres.

He relatado mi propia experiencia para que conozcas la verdad concerniente al misterio cristiano: el mensaje de salvación tal como yo mismo lo he experimentado.

La imagen divina se desvela en esta serie de eventos sobrenaturales que evocan la respuesta de asombro y maravilla. La experiencia personal debe sellar la verdad de las Escrituras.

Dios está sepultado en el cráneo del hombre. Su nombre es YO SOY. Despertará en el cráneo del hombre. Saldrá del cráneo del hombre y nacerá de nuevo. Dios se hizo hombre para que el hombre pudiera convertirse en Dios. Jesucristo es la verdadera identidad de todo hombre.

«Y ahora, ve, escribe esto delante de ellos en una tabla, y regístralo en un libro, para que sea en el tiempo venidero como testimonio para siempre».

ISAÍAS 30, 8

ÍNDICE